El Oráculo de Escorpio

SCORPIO

Querido Escorpio, bienvenido a tu libro Oráculo, como ya sabrás, perteneces al elemento Agua del zodíaco.

Escorpio es un signo que deriva su fuerza del ámbito psíquico y emocional. Al igual que tus compañeros signos de agua, Cáncer y Piscis, Escorpio es **extremadamente clarividente e intuitivo** por lo que eres posiblemente el signo que más beneficio puede obtener de un libro Oráculo como este.

Tienes mucha **fuerza de voluntad**, sabes lo que quieres y no tienes miedo de trabajar duro y jugar a largo plazo para conseguirlo, por ello si unes tu propia fuerza con la de tu Oráculo, serás sencillamente imparable.

Head
Heart
Life
LINE OF THE HEART
LINE OF THE HEAD
LINE OF THE LIFE
LINE OF SUN
LINE OF FATE
THE RASCETTE LINE
SCORPIO

Los Escorpio sois personas con mucho **magnetismo y clarividencia**, fuertes, enigmáticas e independientes. Sois seres misteriosos y mágicos.

Mantienes una **lucha constante entre el mundo terrenal y el espiritual**. Lo que significa que si no eres bien guiado, te dejarás llevar por los sentidos irracionales y tu esclavitud será el pesimismo, la melancolía y la incertidumbre. Por ello deberás dejar atrás la duda que a veces te invade y apostar por la guía mágica que siempre está a tu diposición para ti.

Sé consciente de los poderes que viven dentro de ti, de tu extraordinaria intuición y déjate guiar por tus fuerzas protectoras.

Un nuevo camino comienza aquí.

Plutón

¿Cómo usar este libro mágico?

Comienza con un momento de reflexión y calma, cierra los ojos, respira profundamente e invoca a tu planeta protector, Plutón: "Plutón, planeta protector y guía de mis noches oscuras, ayúdame a ver con claridad en estos momentos de incertidumbre".

Respira profundamente, formula una pregunta y realiza una de estas dos acciones:

· Coge el libro y abre al azar cualquiera de sus páginas. La respuesta estará ante ti.

· Abre el libro por la siguiente página y con los ojos cerrados deja que tu dedo seleccione un número, después dirígete a la página con ese mismo número. La respuesta será mostrada.

37
29
2
31
15
11
22
8
5
40
33
17
28
25
14
12
26
19
36
39

Escorpio, no emprendas nada.

Tu paciencia será recompensada.

1

Sé sincero, Escorpio y tendrás luz y éxito.

De ese modo es propicio avanzar.

2

Detente,
Escorpio,
ir hasta el
final del
camino trae
desventura.

3

Haz uso de tu paciencia, Escorpio. Para lograr este éxito conviene ser minucioso.

4

*Escorpio,
si eres
sincero,
conseguirás
elevado
logro.*

5

6

*Escorpio,
se requiere
de tu fuerza
y valor.
Ventura sin
falla.*

Confía en ti, Escorpio, no cedas a la petición de otro, que busca tu tropiezo.

7

La buena fortuna viene del exterior.

No te demores si anhelas el éxito.

8

9

Llega algo

más grande

de lo

imaginado,

Escorpio.

¡Ventura!

¡Éxito!

9

Alejarse es sabio, Escorpio. Tu gran intuición ya te alertaba. Hazle caso.

Apuesta sin pérdida, mas cuidado con traidores con piel de cordero.

12

Escorpio,
la respuesta
es NO.

Si perseveras consciente de la dificultad, alcanzarás esta meta, Escorpio.

13

14

*Escorpio,
eres un signo
de Dioses,
busca metas
más altas.*

Escorpio, posees la disciplina y la resistencia para metas altas. Éxito.

15

16

Conecta con lo que te hace bien a largo plazo.

De lo contrario, infortunio.

17

Sin reproches.
Gran fortuna,
Escorpio.
17

18

El comportamiento impulsivo y desconsiderado amenaza las relaciones. Los problemas surgen inevitablemente.

18

Escorpio, aborda los problemas sin destruir alianzas y vencerás.

20

Manifestación y reconocimiento de tus esfuerzos. Adelante, Escorpio.

20

Observa tu mundo interior y avanza hacia lo que te hace sentir bien en el plexo solar.

21

Escorpio, no prometas más de lo que puedes dar y todo irá bien.

22

Escorpio, no caigas en derroches ni despilfarros emocionales ni físicos.

23

24

Es el
momento de
planear.
No avances
aún,
Escorpio.

24

25

La respuesta

es

Sí.

*Cuídate de
no perderte
en fantasías
sin base,
Escorpio.*

Escorpio, ser valiente ahora tendrá su recompensa.

27

Tu independencia es el combustible aliado que te llevará al éxito.

28

El entendimiento del "otro" te llevará al siguiente nivel.

29

30

Escorpio, ábrete a lo nuevo y lo diferente.
30

31

Para llegar a buen puerto, has de tomar la iniciativa, Escorpio.

32

Hay tensión entre esencia y acción. Sé fiel a ti mismo, Escorpio.

Ser impulsivo te lleva al error, Escorpio. Haz una pausa entre el estímulo y la acción.

33

34

Hay que cortar con el pasado y abrirse a lo nuevo.

Cambios inesperados. Sé flexible. Abraza lo nuevo.

35

No comiences nuevos proyectos. Completa el trabajo pendiente.

36

Habla con el corazón en la mano, Escorpio. Sólo así llegarás al éxito.

37

No todo lo que parece ser, es. Cautela, Escorpio.

39

Encuentras un aliado comprensivo. Éxito.

39

40

La respuesta está en el pasado.

Head
Heart
Life
LINE OF THE HEART
LINE OF THE HEAD
LINE OF THE LIFE
LINE OF SUN
LINE OF FATE
THE RASCETTE LINE
SCORPIO

www.ingramcontent.com/pod-product-compliance
Lightning Source LLC
Chambersburg PA
CBHW031756150726
47989CB00006B/2741